DISCOURS

PRONONCÉS A L'OCCASION DE LA MORT

DE

M. Jean-Baptiste-Augustin-Joseph

DUMON

DÉCÉDÉ LE 23 JUIN 1877, PRÉSIDENT DE CHAMBRE A LA
COUR DE CASSATION.

DOUAI
IMPRIMERIE ALBERT DURAMOU
60, RUE SAINT-JACQUES, 60.
— 1877 —

DISCOURS

PRONONCÉS A L'OCCASION DE LA MORT

DE

M. Jean-Baptiste-Augustin-Joseph

DUMON

DÉCÉDÉ LE 23 JUIN 1877, PRÉSIDENT DE CHAMBRE A LA
COUR DE CASSATION.

DOUAI
IMPRIMERIE ALBERT DURAMOU
60, RUE SAINT-JACQUES, 60.
— 1877 —

DISCOURS

PRONONCÉ A LA MESSE D'ENTERREMENT

PAR

M. Deroubaix

DOYEN-CURÉ DE LA PAROISSE NOTRE-DAME A DOUAI.

DISCOURS

DE M. LE DOYEN DEROUBAIX.

Messieurs,

Que peut-on faire de mieux près d'un tombeau que de pleurer, de prier et d'espérer ? Oui, le chrétien pleure sur la tombe de ceux qu'il a aimés, comme Jésus près du tombeau de son ami Lazare, mais ses larmes sont adoucies par la prière et par l'espérance. La prière pour les morts c'est le chant de l'espérance et l'hymne de l'immortalité.

Les larmes ne manquent pas autour de ce cercueil qui renferme la dépouille mortelle d'un éminent magistrat et d'un grand chrétien, et la prière catholique ne s'échappe-t-elle pas de tous les cœurs, inspirée par la piété filiale, par l'amitié, par la reconnaissance ; et notre prière n'est-elle pas pleine d'espérance, si nous considérons la vie et les œuvres du très-digne, très-vénérable et très-illustre M. Dumon, président de chambre à la Cour de Cassation, pieusement décédé à Paris dans la foi catholique, apostolique et romaine ?

Messieurs, n'attendez pas de moi un éloge funèbre digne de celui dont la mort inattendue est un deuil pour la magistrature française et pour cette cité.

Il y aurait témérité de ma part à l'entreprendre devant cet auditoire d'élite ; mais n'y aurait-il pas ingratitude à garder le silence ? et n'est-il pas utile à tous de considérer les exemples de ceux qui ont vaillamment parcouru la carrière de la vie ?

D'autres loueront l'avocat, le citoyen, le magistrat : ne nous est-il pas permis à nous de regarder la physionomie du chrétien et de raconter quelques-unes de ses œuvres dans l'assemblée des saints ?

I. Ce que nous pouvons admirer d'abord dans l'homme éminent que nous pleurons, c'est la foi. La foi était en lui un héritage de famille, le fruit précieux d'une éducation chrétienne. Arrivé à l'âge d'homme, il ne fut pas de ceux qui se persuadent que la raison suffit pour vivre en honnête homme et accomplir sa destinée : il était plus loin encore de ceux qui voient dans la foi l'ennemi de la raison, de la science et de la vraie civilisation.

Sa haute et ferme intelligence avait compris de bonne heure qu'il ne peut pas y avoir de contradiction entre la raison et la foi parce que Dieu a donné l'une et l'autre à l'homme pour arriver à la perfection et à la félicité. Aussi, MM., sa foi éclairée était simple et solide, entière, complète, sans réserve, sans restriction, sans compromis. S'il avait pour les personnes, la bienveillance, et, si vous voulez le mot, la tolérance dont la charité fait toujours un devoir, il ne sacrifia jamais rien des doctrines de l'Eglise dont il écoutait avec docilité les enseignements soit qu'ils tombassent des lèvres d'un simple prêtre ou de la bouche d'un évêque, soit qu'ils tombassent de la chaire infaillible du vicaire de Jésus-Christ.

Il était catholique, non pas avec telle ou telle école, il était catholique avec l'Eglise et avec le Pape.

La foi n'était pas pour lui une opinion, un système éminemment raisonnable, c'était la vérité surnaturelle, la lumière divine qui éclaire l'intelligence et dirige la volonté humaine ; ce n'était pas une théorie, mais la règle pratique de la vie. Aussi, Messieurs, avec une fidélité qui révélé en même temps la rectitude de son esprit et la loyauté de son caractère, il accomplissait sans respect humain et sans ostentation, tous les devoirs que l'Eglise, au nom de Dieu, impose à ses enfants. Sa piété allait même au-delà du précepte; on ne le voyait pas seulement le dimanche à la grand'messe et aux offices de sa paroisse, son bonheur était d'assister tous les jours au Saint-Sacrifice, et ceux qui l'ont connu savent qu'il ne se contentait pas de communier à Pâques.

Qui oserait dire que la foi pratique, portée jusqu'à la dévotion a affaibli le patriotisme du citoyen, diminué la science du jurisconsulte ou amoindri l'impartialité et l'indépendance du magistrat ? Ah ! Messieurs, contemplez cette noble figure et si vous y trouvez un regard qui cherche Dieu, vous y rencontrez aussi la charité qui s'incline vers les hommes.

Non, Messieurs, la foi n'absorbe pas l'homme en Dieu ; non, la dévotion ne rétrécit pas le cœur de façon à le rendre indifférent et insensible aux intérêts légitimes de la patrie, de la famille et du prochain. L'homme de foi est aussi l'homme de charité.

II. Messieurs, faut-il appeler de ce nom de Charité les affections de famille qui sont les premières à éclore dans le cœur de l'homme ? Oui, Messieurs, parce que Dieu, qui est Charité, les a mises dans notre nature comme le premier lien de cette société domestique dont il est l'auteur, et il les y a tellement imprimées qu'elles subsistent encore dans ceux qui n'ont plus le bonheur de reconnaître et d'adorer le Père de la grande famille humaine. Mais c'est la Charité chrétienne qui développe et perfectionne ces nobles et saintes affections. Je n'ai pas le temps de vous montrer le fils, l'époux dans le chrétien que nous admirons : j'aime mieux vous dire les sollicitudes et les tendresses du père. C'est pour ainsi dire, dans le secret et comme dans un sanctuaire qu'elles se révèlent davantage. C'est là que le cœur a toute liberté : la majesté de l'homme de loi, la gravité du magistrat s'efface et laisse un libre cours aux effusions de l'amour paternel qui sourit à l'innocence et à la naïveté, va jusqu'au langage, aux jeux enfantins, caresse, bénit, en contemplant les espérances de l'avenir. Tel apparaissait notre cher défunt, il y a plus de quarante ans, à ceux qui jouissaient de son intimité ; tel on le retrouvait, dans ces dernières années, au milieu de ses petits-enfants, vers lesquels il penchait avec amour son front couronné de cheveux blancs et d'honneurs. Heureuses les familles auxquelles Dieu donne un tel père !

L'amitié trouve place dans le cœur chrétien à côté de l'amour paternel. Parlez plutôt, vous qui avez été ses amis de collége, ses compagnons d'étude, ses émules au barreau, ses collègues, ses subordonnés peut-être dans la magistrature : dites-nous l'aménité de caractère, la bienveillance de langage, la cordialité, le désintéressement qui font le charme des amitiés chrétiennes et que vous avez goûtés dans vos relations avec celui dont l'image restera gravée dans vos meilleurs souvenirs.

La bonté qu'il puisait dans la charité n'était pas renfermée dans le cercle souvent restreint de l'amitié.

Faire du bien aux inconnus, aux indifférents, rendre service aux autres en ne considérant que leur qualité d'homme, de concitoyen ou de chrétien, c'est le propre de la charité et c'était le besoin de son cœur. Je ne parle pas ici des services innombrables qu'il a rendus par l'accomplissement de ses devoirs professionnels ; je parle des bienfaits qu'il a semés partout sur ses pas, en mettant ses conseils, son expérience, son temps, sa personne, son crédit, sa haute et légitime influence à la disposition de tous ceux qui s'adressaient avec confiance à son inépuisable bonté. Quoique l'ingratitude ne soit pas rare sur la terre, je me persuade que plusieurs de ceux qui m'écoutent sont ici pour chanter par leur présence, par leurs larmes et par leurs prières l'hymne de la reconnaissance à celui qui nous enseigne à tous par ses exemples la grande loi de la charité : *Aimez-vous les uns les autres.*

Mais, Messieurs, vous me demandez peut-être de vous montrer, dans la vie de notre bien-aimé concitoyen, des œuvres de charité qui ne meurent pas avec ceux qui en ont été l'objet. Eh bien ! Messieurs, sortez de cette enceinte sacrée, entrez dans cette maison qu'on peut appeler le palais de la Charité. C'est l'Eglise qui a préparé ce magnifique asile aux orphelins, aux vieillards, aux incurables. Mais à toutes ces faiblesses, à toutes ces infirmités humaines il faut autre chose que des pierres et une vaste habitation, autre chose que la nourriture et le vêtement : il faut des soins, des consolations, des tendresses que ne peut donner la bienfaisance humaine. L'Eglise y avait pourvu dans le passé, elle avait mis des dévouements héroïques au service des petits enfants et des vieillards, mais depuis plus d'un demi-siècle, des personnes à gages remplaçaient les Anges de la Charité, et, malgré le zèle des administrateurs qui ne manquaient pas d'humanité, on a peine à se représenter l'état moral et matériel de l'Hôpital-Général il y a un peu plus de vingt-cinq ans.

Ah ! bénis soient les sages administrateurs qui ont appelé dans la maison de la Charité les Filles de saint Vincent de Paul, rendu des sœurs et des mères aux orphelins et aux vieillards, et transformé en maison de famille (j'allais dire en sanctuaire) ce qui n'était pas moins triste qu'une prison et une caserne !

Dans cette généreuse et difficile entreprise, celui qui a pris l'initiative et qui a lutté contre tous les obstacles, c'est celui que la mort nous ramène aujourd'hui et que la reconnaissance publique doit inscrire parmi les bienfaiteurs du peuple de notre cité.

Vous le comprenez du moins, vous Messieurs, qui continuez si bien son œuvre dans l'Administration des Hospices. Et vous, enfants et vieillards, vous savez que vous formiez la famille adoptive de cet homme de charité. Dans les hautes fonctions auxquelles son mérite l'avait élevé, il ne vous oubliait pas. Depuis que Paris nous l'avait enlevé, son bonheur était de revenir au milieu de vous et de visiter cette chère maison de la Charité. Il y a un mois à peine, il vous apportait encore son sourire et ses conseils paternels et aujourd'hui, si ses lèvres sont muettes, vous vous souvenez de sa charité, et vous formez autour de son cercueil la plus belle couronne.

Et vous tous, mes frères, qui êtes venus pleurer avec ses parents et ses amis sur la mort d'un grand chrétien, vous qui êtes venus mêler vos prières aux prières de l'Eglise pour cet homme de foi et de charité, parce que Dieu juge les justices mêmes, ah ! ne soyez pas tristes comme ceux qui n'ont pas d'espérance. S'il ne nous appartient pas de pénétrer les jugements de Dieu, il nous est permis de penser que le Seigneur récompensera bientôt la foi et les œuvres de son fidèle serviteur, qui a bien mérité de cette cité, de la France et de l'Eglise, et qui nous laisse à tous de si nobles et de si salutaires exemples. Ainsi soit-il.

DISCOURS

PRONONCÉ SUR LA TOMBE

PAR

M. Bardon

PREMIER PRÉSIDENT A LA COUR DE DOUAI.

DISCOURS

DE M. LE PREMIER PRÉSIDENT BARDON.

Messieurs,

Le deuil de la Cité, les échos multipliés de tant de douleurs, les flots de cette assistance qui se presse dans ce lieu funèbre, sont pour celui dont nous accompagnons les restes mortels, un hommage qui renferme tous les autres... Mais cette tombe ne peut se fermer, sans que la Cour adresse un dernier adieu à l'un de ses anciens Premiers Présidents les plus vénérés et les plus aimés.

Avant d'appartenir à la magistrature, M. Dumon fut une illustration de ce barreau douaisien, de si vaillante renommée. Pendant 30 ans, il milita dans ses rangs, fut élu trois fois bâtonnier de l'ordre, et ne cessa de montrer, dans les luttes de l'audience, un profond savoir, un esprit fécond, une rare pénétration juridique, une parole ferme et nette, et une sûreté d'appréciation qui, associée à une dialectique puissante, défiait tous les artifices et en faisait un athlète des plus redoutés.

La Cour pouvait secrètement convoiter de le conquérir ; son propre désir le porta vers elle. Nommé avocat-général en 1854, il devint conseiller dans l'année suivante, Président de Chambre quatre années plus tard et Premier Président, en 1863.

Dans ce poste, si difficile pour d'autres, M. Dumon déploya hautement la valeur et la virilité de ses aptitudes. Vous l'avez vu, dans les délibérations les plus ardues, marchant au but d'un pas résolu, illuminant la voie, écartant les obstacles, habile à démasquer la fraude, à déjouer les subtilités, à discerner les nuances les plus délicates, à dégager et à fixer la vérité.

Ces mâles facultés étaient fécondées chez lui par les plus nobles qualités morales, un profond amour de la justice, l'amour non moins vrai de son état, le souci constant de la règle, l'inflexible respect des traditions, l'intégrité la plus scrupuleuse, la loyauté la plus stricte, la bienveillance la plus attentive, et une inaltérable sérénité.

Sa place fut bientôt marquée à la Cour suprême. Il y siégea dès 1865. Ce qu'il a été dans cette savante et souveraine Compagnie judiciaire, il ne m'appartient pas de le révéler. C'est dans son sein qu'en une occasion solennelle une voix doit s'élever pour le dire avec plus d'autorité. Mais n'a-t-elle pas été devancée par le décret qui, suivant les vœux unanimes de ses collègues, appelait récemment M. Dumon à une présidence de Chambre de la Cour de Cassation ?

Le trait distinctif de cette grande et belle carrière, c'est que chacun de ses progrès s'est accompli sans le moindre effort. A peine, en effet, M. Dumon occupait-il la position que lui conférait une promotion nouvelle, qu'il paraissait l'avoir toujours possédée, tant son esprit et son caractère le portaient aisément aux niveaux les plus élevés. Aucune influence indiscrète n'eut la plus légère part dans ses élévations successives, et il lui a toujours suffi, pour rencontrer la fortune, de demeurer fidèle au devoir.

Je ne parle pas de sa vie privée..., je laisse à tous ceux qu'il a servis dans ces contrées et aux pauvres de cette ville le soin de raconter une obligeance qui ne connut jamais de lassitude, et toutes les sollicitudes bienfaisantes d'un cœur riche et généreux...

Pourquoi faut-il qu'un coup inattendu ait prématurément brisé une existence si profitable aux intérêts de la justice et au bien public ?

Nous avions vu M. Dumon, il y a un mois à peine, en pleine possession de sa validité accoutumée... Il était venu auprès de sa digne fille, charme et doux orgueil de son âme, goûter quelques instants de loisir... et quand, dans cette retraite aimée de Corbehem, alors si souriante, aujourd'hui si désolée, entouré de ses petits-enfants, au milieu des exubérantes splendeurs d'une nature renaissante, il semblait se retremper aux plus pures sources de la vie..., la mort l'avait déjà désigné.

Mystère profond de la Providence !

Malgré la vivacité de nos amertumes et bien qu'un nouveau malheur vienne d'aggraver subitement le trouble nos âmes trop éprouvées..., gardons-nous de murmurer.

N'est-il pas dans l'ordre souverain qui se dérobe à nos vues, que quelques-uns, parmi les plus dignes, pour servir d'exemple plus saisissant à notre faiblesse, nous quittent ainsi dans la plénitude de leur puissance et de leurs vertus ?

Je dépose respectueusement sur cette tombe le pieux hommage de la Cour, et élevant mes regards au-delà des limites de la terre, je salue, dans le séjour des suprêmes récompenses, l'éminent magistrat que nous pleurons tous. *Seminanti justitiam merces fidelis.*

DISCOURS

PRONONCÉ SUR LA TOMBE

PAR

M. le Comte d'Esclaibes

VICE-PRÉSIDENT DE LA COMMISSION DES HOSPICES
DE DOUAI.

DISCOURS

DE M. LE COMTE D'ESCLAIBES.

---×---

Messieurs,

Sur cette tombe qu'environnent tant de regrets et de larmes, qu'il me soit permis de déposer, au nom de la grande famille des Hospices de la ville de Douai, un témoignage de vive reconnaissance pour celui qui fut, pendant un grand nombre d'années, le protecteur de ses intérêts, et qui avait su lui inspirer la plus vive affection. Administrateur de ces établissements de 1843 à 1866, M. le président Dumon n'a cessé de remplir ces fonctions avec un zèle et un dévouement au-dessus de tout éloge. Malgré les nombreuses occupations de son cabinet d'avocat, malgré ses fonctions de magistrat, il trouvait moyen de consacrer une grande partie de son temps à la visite des Hospices, à la surveillance de leurs différents services et à la bonne gestion de leurs biens. Non content de protéger les intérêts matériels de nos administrés, il cherchait avec non moins de sollicitude à leur procurer le bien moral.

Qui ne se rappelle, à l'Hospice, ces bonnes et affectueuses paroles qu'il adressait aux vieillards pour les ramener à la vertu, et aux jeunes gens pour les encourager et les maintenir dans la pratique du bien et de la religion ? Qui n'a souvenir de ces allocutions si paternelles faites aux orphelins et aux orphelines lors des distributions des récompenses et des prix ? Aussi tous nos hospitaliers lui portaient-ils un profond attachement, et quand pendant ses vacances, il venait visiter les Hospices, sa présence était une fête pour toute la maison. Il semblait que c'était le retour d'un père parmi ses enfants.

Lorsqu'il nous quitta, il ne voulut pas que les liens qui l'unissaient depuis vingt-trois ans aux Hospices de Douai fussent complétement rompus. Un arrêté de M. le préfet le nomma administrateur honoraire, et parmi tous les titres que lui avaient obtenus sa science, sa capacité et ses éminents services, c'était celui auquel il semblait attacher le plus de prix. Mais le besoin qu'il éprouvait de se dépenser au service des pauvres ne l'abandonna pas dans sa nouvelle résidence. Peu de temps après, son arrivée à Paris, il fut désigné par la Cour de Cassation pour faire partie du conseil d'administration de la Maison de Charenton ; puis il devint administrateur de l'établissement de Saint-Nicolas, dirigé par des Frères, et dans lequel sont élevés douze cents enfants appartenant aux classes peu aisées ; enfin quelques mois avant sa mort, il avait été nommé membre du conseil de l'Assistance publique de Paris.

Heureux au terme de sa carrière celui qui a été animé pendant sa vie du feu de la charité, et qui comme M. le Président Dumon, a consacré de nombreuses années aux intérêts et au soulagement des pauvres et des infortunés ! Si un verre d'eau donné au nom du divin Sauveur ne doit pas rester sans récompense, quelle sera la couronne de celui qui pendant la plus grande partie de son existence s'est fait l'appui et le protecteur des enfants préférés de Dieu, les malades, les infirmes et les orphelins !

Adieu, cher et vénéré collègue, adieu au nom de ces Hospices que vous avez tant aimés et qui conserveront le souvenir éternel de votre bonté, de votre dévouement et des services que vous leur avez rendus. Adieu ! ou plutôt au revoir dans le ciel, notre patrie à tous ! Au revoir !

DISCOURS

PRONONCÉ AU SERVICE CÉLÉBRÉ A L'HOPITAL-GÉNÉRAL

PAR

M. l'abbé Hennion

AUMONIER DE CET ÉTABLISSEMENT.

DISCOURS

DE M. L'AUMONIER HENNION.

Beatus qui intelligit super egenum et pauperem in die malâ liberabit eum Dominus

Heureux celui qui a l'intelligence des besoins du pauvre et de l'indigent, le Seigneur le délivrera aux jours mauvais (psaume 40e).

Il y a quelques jours, M. T.-C. F., nous avions la douleur d'accompagner à sa dernière demeure, la dépouille mortelle d'un homme de bien, d'un véritable Chrétien qui par son dévouement à toute épreuve, a été pendant 23 ans la providence de cet hospice.

Un certain nombre d'entre vous ont connu et aimé M. Dumon, et son souvenir, bien que son départ de cette ville remonte à près de 11 ans, est resté vivant et ineffaçable dans vos cœurs. Vous le connaissez aussi vous qui n'êtes que depuis peu dans cet asile de la charité, car chaque fois qu'il venait goûter les douces joies de la famille, oubliant la position si élevée qu'il occupait dans la magistrature, il était heureux de vous consacrer quelques instants de ses rares loisirs, et de vous adresser avec la plus affectueuse bonté, des paroles pleines d'affabilité et d'encouragement. Aussi n'est-il pas étonnant qu'on ait vu des larmes s'échapper de vos yeux à la pensée que vous perdiez en lui, un ami, un bienfaiteur et comme un père.

Et d'ailleurs, la foule qui se pressait à ses funérailles, les paroles si éloquentes qui ont été prononcées sur sa tombe au nom de la Religion, de la magistrature et des pauvres vous ont montré que ce n'est pas seulement et au milieu de vous, mais dans l'élite de la population douaisienne et dans toutes les classes de la Société que ce grand chrétien, le bienfaiteur de nos hospices laisse d'unanimes regrets.

Je ne saurais rien ajouter, mes frères, à tous les éloges que vous avez entendus, et qui n'étaient que des hommages mérités rendus à sa mémoire, et cependant pourrais-je me taire ! Pourriez-vous me pardonner mon silence ! Oui vous désirez que dans l'intimité de cette famille de pauvres dont M. Dumon a été tant d'années l'administrateur dévoué, je vienne vous adresser quelques paroles d'édification et vous demander des prières inspirées par la reconnaissance.

Il ne m'appartient pas, mes frères, de parler ici de l'éminent magistrat arrivé au faîte des honneurs, je ne vous rappelle la haute dignité dont il était revêtu que pour vous faire mieux apprécier sa généreuse sollicitude pour cette maison, qu'il aimait pour ainsi dire avec passion. Je ne me propose de vous faire voir en M. Dumon que l'homme charitable, montrant au milieu de vous la véritable intelligence des besoins du pauvre, en m'inspirant de cette parole de nos saints livres, qu'il m'est bien permis de lui appliquer : *Beatus qui intelligit super egenum et pauperem in die malâ liberabit eum Dominus.*

Ils sont nombreux de nos jours ceux qui se disent les amis de la classe pauvre, de la classe ouvrière, mais la plupart ne poursuivent que ce but égoïste et misérable : gagner les faveurs populaires en flattant les plus détestables passions, afin d'arriver aux dignités et aux honneurs. Et le peuple dont ils ont excité la haine contre ce qu'il y a de plus respectable et de plus sacré, dès qu'il cesse de leur être utile, ils le délaissent et l'abandonnent à sa misère, sans plus jamais ui tendre la main pour le secourir. Ah ! si l'ouvrier savait loigner de lui ceux qui le séduisent et le trompent, et recon naître quels sont ses vrais amis, il ne tarderait pas à retrouver la joie dans la pratique de ses devoirs de chrétien, et dans le calme honnête du foyer domestique ; et s'il était dans le malheur, il puiserait dans les sentiments religieux qu'on ne lui aurait pas ravis, la résignation en même temps que les seules vraies consolations !

L'honorable magistrat dont nous pleurons la mort si soudaine et si imprévue, n'était-il pas l'un de ces hommes, qui méritent à juste titre, le nom d'amis de l'ouvrier et du pauvre ?

Il aimait les petits et les faibles, non pour les flatter ; le magistrat, comme le prêtre et le soldat, ne dépend pas grâces à Dieu, des suffrages populaires pour arriver aux positions sociales que le talent seul et les longs services peuvent faire obtenir ; il les aimait par un secret besoin du cœur, que la charité chrétienne peut seule inspirer, il les aimait par bonté, pour goûter le bonheur de leur être utile et de leur faire un peu de bien. Aussi dans l'infortune on pouvait recourir à lui, on ne le quittait pas sans obtenir de lui quelque bienfait.

Ce fut surtout dans la charge si importante et si difficile d'administrateur des hospices, qu'on retrouva en lui, l'homme généreux, bon, affable, plein de bienveillance et de désintéressement et malgré trop d'ingratitudes, aimant avec un dévouement sans bornes les délaissés de ce monde. On vit dès lors combien il avait la véritable intelligence, tant des besoins matériels que des intérêts religieux du pauvre. *Beatus qui intelligit super egenum et pauperem.*

M. Dumon était un chrétien fervent et il ne pouvait comprendre que dans un établissement de charité, on pût s'occuper des corps sans vouloir relever et sanctifier les âmes.

Il ne cessa sans doute de travailler à adoucir de plus en plus les souffrances des vieillards, des infirmes et des malades, à consoler la tristesse de l'enfant privé de sa famille, mais il voulait en même temps développer en eux l'amour du devoir, de la vertu et de leurs intérêts éternels, ne connaissant que ce moyen de leur donner ou de leur rendre les joies du cœur. Pour atteindre ce double but, il n'eût plus qu'un seul désir, rendre entièrement à la Religion la place à laquelle elle a droit dans les maisons hospitalières, en y mettant à côté de l'administrateur chrétien et du prêtre, la sœur de charité. Car, l'Eglise, M. B. C. F., n'est-elle pas seule l'inspiratrice de de la vraie charité ? N'est-ce pas l'Eglise qui a fondé toutes ces grandes œuvres, qu'on nous envie, en faveur des malheureux? En dehors d'elle on n'a jamais rien créé de sérieux et de durable, le pauvre n'a jamais trouvé que les mépris et les rebuts des grands. La religion ayant fait du pauvre un frère en Jésus-Christ, le riche a eu pitié de ce frère et la charité chrétienne a fondé ces nombreux établissements de bienfaisance, où l'on trouve consolations et secours dès que l'on tombe sous les coups du malheur. Aussi jusqu'aux jours à jamais néfastes de 93, la religion est-elle toujours restée la directrice des œuvres charitables que seule elle avait fondées. La Révolution ne sachant rien respecter, lui arracha nos hospices de Douai, et pendant de trop longues années, l'habit religieux fut banni de ce sanctuaire de la pauvreté. Dieu me garde cependant de refuser un juste hommage à ceux qui jusqu'en 1850 se sont généreusement dévoués aux infortunés qui venaient leur demander un asile. Mais le zèle charitable de quelques-uns, malgré les meilleures intentions, ne pouvait suffire pour une tâche au-dessus de leurs forces, parce que l'Eglise n'était plus là pour l'éclairer et le diriger. Je dois sans doute aussi reconnaître qu'immédiatement après les jours de la terreur révolutionnaire, le prêtre retrouva sa place nécessaire pour la direction spirituelle des hospices, mais seul, presque sans aide et sans appui, il ne pouvait travailler avec succès au bien des âmes qui lui étaient confiées.

M. Dumon comprit que pour rendre à l'Eglise une œuvre qui était de son domaine il fallait à la tête des hospices une administration chrétienne, et à côté d'elle et du prêtre, des âmes d'élite, ayant renoncé à tout ce qu'elles peuvent aimer sur cette terre, consacrées à Dieu et choisies par la religion pour servir l'infortune et consoler la douleur ; il comprit en un mot qu'il fallait des sœurs.

La sœur, en effet, qui a su quitter sa famille et faire le sacrifice des espérances les plus légitimes et souvent des plus brillantes positions selon le monde, la sœur n'a-t-elle pas vocation et grâce d'état pour trouver dans le pauvre et le malheureux une nouvelle famille? Au nom de Dieu qui l'envoie, elle saura être bonne et compatissante malgré les noires ingratitudes qu'elle aura à pardonner ; par la générosité qui lui fera oublier une injure, par la charité avec laquelle elle recevra le malheureux couvert peut-être de crimes et de misères, elle obtiendra qu'il aille se jeter aux pieds du prêtre et obtenir son pardon ; au nom de Dieu elle trouvera son bonheur à consoler un malade en pansant ses blessures, elle sentira surtout un cœur de mère pour l'orphelin et l'orpheline, pour l'enfant abandonné.

Dès lors, tous les efforts de M. Dumon, n'eurent plus qu'un but : donner des religieuses à nos hospices de Douai. Pour l'atteindre, il dut vaincre mille résistances, faire disparaître toutes sortes d'obstacles, mais Dieu dont il secondait les miséricordieux desseins lui vint en aide, et en 1850, les filles de Saint-Vincent venaient donner à nos vieillards et à nos enfants, leur inépuisable dévouement. Ah ! béni soit le zèle de l'administrateur chrétien et dévoué qui a pu parvenir à nous procurer ce bienfait ! Et je ne crains pas de le dire en présence de ceux qui seraient assez ingrats pour ne pas vouloir rendre hommage au dévouement religieux, ce fut l'œuvre principale de la longue administration de M. Dumon dans nos hospices, ce fut l'œuvre surtout que Dieu a voulu bénir et qu'il aimera à récompenser dans le Ciel. D'ailleurs, elle ne pouvait arriver immédiatement à son complet développement. M. Dumon dut lutter longtemps encore pour la maintenir et la faire triompher, et ce ne fut que quelques années avant de se séparer de nous, après avoir placé des sœurs à la tête de tous les quartiers de la maison qu'il put être confiant dans l'avenir et dans le succès.

M. Dumon ne tarda pas cependant à jouir du fruit de ses efforts, en devenant l'heureux témoin des améliorations successives obtenues par le précieux concours des sœurs. Et dans ces dernières années quand il revenait au milieu de nous, il me semble qu'un soupir de reconnaissance devait s'élever de son cœur vers Dieu, pour lui exprimer ce sentiment: Merci, je reçois dès ce monde ma récompense.

Ah! sans doute, nous sommes loin d'atteindre le résultat que nous pouvons désirer, mais en reposant nos regards sur les vieillards des deux sexes, ne pouvons-nous pas remercier le Ciel de ce qu'il nous est si facile, malgré les difficultés actuelles, de les déterminer, à part de rares exceptions, à remplir leurs devoirs et à mourir en chrétiens ?

Quelle heureuse transformation s'est surtout opérée dans les différents quartiers où nous voyons grandir nos pauvres enfants orphelins. La cruelle mort leur arrachant ceux qui leur avaient donné la vie, nous les envoya dans cet asile, sans parents pour les chérir. Mais dans la sœur de charité, ils ont retrouvé une mère, et par elle, ils ont appris à bénir la Religion, à la remercier des tendresses qu'elle sait inspirer ; et grâce aux soins si touchants qui leur sont prodigués et aux leçons de vertu qu'on leur donne, nos jeunes orphelins deviennent des ouvriers chrétiens, qui savent ne pas rougir de leur foi, et rester fermes dans l'accomplissement de leurs devoirs, tandis que nos jeunes filles se séparent de nous n'ayant au cœur qu'un seul amour : l'amour de l'innocence et de la piété.

Aussi, mes frères, reconnaissance impérissable au vénéré bienfaiteur dont nous pleurons la perte cruelle, à lui nous sommes redevables de tant d'améliorations matérielles et morales si faciles à constater.

Mais si M. Dumon les a obtenues en nous donnant des sœurs de charité, je puis ajouter qu'il n'a cessé d'y contribuer par son zèle de chaque instant à seconder et à encourager le bien dont il voyait les continuels progrès. Presque chaque jour, on le voyait dans cette maison hospitalière, écoutant avec une grande bonté et la plus touchante bienveillance les plaintes des vieillards, le récit de leurs chagrins et de leurs souffrances, et sachant trouver pour tous un mot de consolation.

La jeune fille, il ne cessait de l'exciter à la piété et il partageait sa joie innocente quand il pouvait la féliciter en la voyant revêtue des livrées de l'enfant de Marie.

Quelle prédilection n'a-t-il pas montrée pour ses chers orphelins ! Son bonheur n'était-il pas de se trouver au milieu d'eux, de leur donner les conseils de son expérience, afin d'en faire d'honnêtes ouvriers et des chrétiens. Son affectueuse charité pour eux les accompagnait au-delà de cette maison, et on ne saurait dire les services qu'il leur a rendus. Il me semble le voir, d'après un trait charmant qu'on a raconté de lui, accompagnant l'un d'eux dans divers ateliers de Paris, cherchant à faire apprécier les différentes épreuves de son travail et parvenant ainsi à lui procurer une position convenable.

Tant de dévouement portait ses fruits, encourageait les sœurs dans leurs pénibles labeurs, excitait les vieillards et les jeunes gens à plus d'ardeur pour le bien, et après des années passées à lutter contre des difficultés toujours renaissantes, il obtenait le consolant résultat dont nous jouissons actuellement.

Mais ce n'était pas seulement dans le secret de cet hospice que M. Dumon faisait preuve de son intelligente sollicitude pour les malheureux d'ici-bas ; elle s'étendait à l'Hôtel-Dieu dont l'administration a aussi la charge. La Religion était bannie de cette maison de la souffrance et de la charité de la même manière qu'elle l'était du milieu de nous; depuis un demi-siècle, les sœurs avaient cessé d'être les garde-malade, de ceux qui venaient y chercher la guérison de leurs maux. Les filles de St-Vincent étaient à peine installées à l'hôpital en 1850, que M. Dumon faisait d'actives démarches afin d'en obtenir pour l'Hôtel-Dieu et un an après, en mars 1851, ses généreux désirs se trouvaient réalisés. Il n'entre pas dans le plan que je me suis tracé, de faire ressortir tout ce que son cœur généreux et chrétien lui a inspiré de zèle charitable pour cette maison ouverte aux malades de cette ville ; qu'il nous suffise de savoir que là comme à l'hospice on put bientôt constater les plus heureux changements et que les pauvres y ont appris à bénir sa mémoire. Je veux cependant relever un trait de son infatigable zéle qui le dépeint tout entier. C'était pendant l'épidémie de 1854; tandis que beaucoup prenaient la fuite pour échapper aux coups du terrible fléau, M. Dumon en sa qualité d'administrateur crut de son devoir de rester au poste du péril, et sans craindre d'en devenir la victime, il aimait à venir trois fois chaque jour, visiter dans toutes les salles chacun des cholériques pour leur adresser des paroles de la plus cordiale affection et faire luire à leurs yeux un rayon de chrétienne espérance.

Tel on le vit pendant le choléra, tel il ne cessa de se montrer tout le temps de son administration dans nos hospices de Douai. Oh oui, l'on peut dire de l'éminent magistrat dont l'éloge est en ce moment sur toutes les lèvres, qu'il a véritablement compris les besoins matériels et moraux de la classe indigente, qu'il en a été l'ami et le bienfaiteur : *Beatus qui intelligit super egenum et pauperem*. Il ne les a pas compris à la manière de ceux qui ne cherchent qu'à soulager les corps, sans se mettre en peine des âmes, il les a compris en administrateur chrétien, intelligent et dévoué ; et c'est là, mes bien chers frères, ce qui doit exciter notre plus profonde reconnaissance. Non non, vieillards et enfants, vous ne serez pas des ingrats, vous aimez M. Dumon, vous le regardez comme un bienfaiteur qui a bien voulu être pour vous un ami, et tous nous partageons le deuil et la profonde douleur de celui qui perpétue son dévouement au milieu de nous, et de toute sa famille en larmes ; nous ne l'oublierons jamais, nous nous ferons un devoir de prier pour lui afin que si de légères souillures restent à expier, il ne tarde pas à goûter les joies de la céleste patrie, et nous aimerons à nous rappeler cette parole sacrée comme étant l'expression de la plus exacte vérité : *Beatus qui intelligit super egenum et pauperem*.

Mais que notre reconnaissance ne reste pas stérile et que la vie et la mort de M. Dumon nous servent de leçon. Vieillards, n'oubliez pas ce qu'il a été tous les jours de sa vie, et dans les années de sa vieillesse ; sa foi virile a toujours fait sa force, elle a honoré ses cheveux blancs, elle a été l'espérance et la consolation de ses derniers moments.

Et vous, mes enfants, n'oubliez pas ses conseils, ses encouragements, il vous a montré qu'on est surtout honnête homme, aimé et estimé en étant chrétien, il en est ainsi dans les plus hautes positions sociales, travaillez à l'imiter, il en sera de même dans votre modeste position d'ouvrier.

Dans le texte de la Sainte-Ecriture que j'ai cité en commençant, je trouve ces paroles : *Beatus... in die malâ liberabit eum Dominus.* Il est heureux celui qui a la véritable intelligence des besoins du pauvre. Quel est donc son bonheur ? C'est sans doute parce qu'il goûte les consolations de la charité, et que sa mémoire est en vénération ! car c'est là déjà une bien douce récompense, mais c'est surtout parce qu'aux jours mauvais le Seigneur le délivrera. *In die malâ liberabit eum Dominus.*

Quel est pour l'homme ce jour mauvais dont parlent nos saints livres ? C'est particulièrement le jour ou accablé par l'épreuve de la maladie, il se voit sur le point de dire un dernier adieu à cette terre de son exil, à tout ce qu'il a aimé ici-bas pour paraître au Tribunal du Souverain-Juge. Ah ce jour est vraiment mauvais, mais pour celui qui n'a pas d'espérance ! Tout l'accable, les amertumes de la souffrance comme les angoisses du cœur, et surtout la pensée de l'éternel malheur qui peut-être hélas, deviendra son partage.

Sans doute, dans les derniers jours de son pèlerinage ici-bas, le chrétien véritable peut aussi se sentir comme abattu par l'épreuve des dernières souffrances, et ce n'est point sans trembler qu'il entrevoit ce qui suit le trépas. Mais sa conscience ne lui fait aucun reproche, il se rappelle les promesses divines en faveur de celui qui a fait le bien, qui surtout a compris les besoins du pauvre, et il a confiance que le Seigneur prendra en main sa défense et qu'il le délivrera au jour de l'affliction. Alors le Ciel et ses célestes splendeurs se déroulant à sa vue, il sait accepter les plus cruels sacrifices, et résigné, confiant dans l'avenir, il dit adieu, ou plutôt au revoir pour quelques jours à tous ceux qu'il a aimés et dont il ne voudrait jamais se séparer. Il souffre, il est en face de l'éternité, mais il goûte dans ce suprême moment les plus suaves jouissances. Oui, selon l'expression de la Sainte Ecriture il est vraiment heureux, malgré les plus cruelles douleurs, il sait que Dieu est là pour le soutenir et le délivrer, *Beatus, in die malâ liberabit eum Dominus.*

Ne m'est-il pas permis en terminant d'appliquer cette parole d'espérance au vénéré magistrat que cette maison ne saurait oublier et que nous pleurons tous. Il a été le chrétien véritable qui a réellement compris les besoins du pauvre et de l'indigent, aussi le Seigneur, prenant en main sa défense a voulu lui épargner les troubles de la dernière heure et les amères douleurs de la séparation, après lui avoir accordé les sublimes consolations de la Religion, et tout donne la confiance qu'il a déjà reçu la récompense promise par Jésus-Christ lorsqu'il a dit : J'ai eu faim et vous m'avez donné à manger, j'ai eu soif et vous m'avez donné à boire, j'étais étranger et vous m'avez recueilli, j'étais malade et vous m'avez visité, venez recevoir la récompense qui vous a été préparée de toute éternité. Heureux donc celui qui a compris les besoins du pauvre, le Seigneur le délivrera au jour mauvais : *Beatus qui intelligit super egenum et pauperem, in die malâ liberabit eum Dominus.*

Douai. — Imprimerie Albert DURAMOU, rue Saint-Jacques, 60.

www.ingramcontent.com/pod-product-compliance
Lightning Source LLC
Chambersburg PA
CBHW061017050426
42453CB00009B/1486